Hans Witzig

Punkt, Punkt, Komma, Strich

Die Zeichenstunde für Kinder

Bassermann

ISBN 978-3-8094-3493-1

1. Auflage

Umschlaggestaltung: Atelier Versen, Bad Aibling
Satz für diese Ausgabe: Atelier Versen, Bad Aibling
Illustrationen: Hans Witzig
Projektleitung für diese Ausgabe: Claudia Maria Weiß
Herstellung für diese Ausgabe: Elke Cramer

Druck: GGP Media GmbH, Pößneck

Printed in Germany

FSC www.fsc.org
MIX
Papier aus verantwortungsvollen Quellen
FSC® C014496

Verlagsgruppe Random House FSC® N001967
Das FSC®-zertifizierte Papier Super Snowbright für dieses Buch
liefert Hellefoss AS, Hokksund, Norwegen.

67415030107

Inhalt

Dieses Buch enthält folgende, in der Schwierigkeit wachsende, Abschnitte:

Meine Männchen

Ich heiße Otto Ohrenweh. – Du denkst, so möchtest du nicht heißen. Ich aber bin stolz auf meinen Namen.

Merkst du schon warum? Das sind meine zwei Anfangsbuchstaben. Siehst du es nicht? – Doch ich kann mit meinen beiden großen O noch viel Schöneres machen. Schau da:

Guten Tag, Herr Hirsch!
Guten Tag, Frau Frisch!
Was gibts heut auf den Tisch?
Frösch oder Fisch?

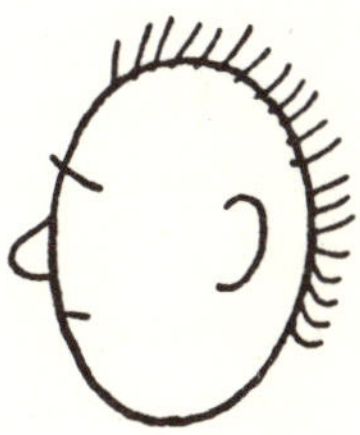

Zeig, ob du das auch fertig bringst! – Hier hast du noch Hüte nach der neuen Mode. Was fängst du an damit?

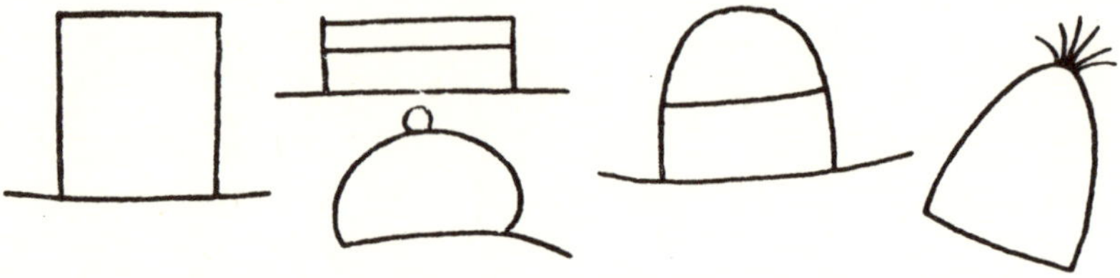

Schnell auf die Köpfe damit. Pass aber auf, dass sie gut sitzen! – Der Wind ist ein schlimmer Gesell.

Gelt, auch meine Männchen gefallen dir nicht übel? – Ein Männchen mach ich so:

Erst füg ich frisch und froh
zum großen O
ein kleines o,
vier Stecklein dann
setz ich noch dran. –
Schon ist es da!
Was willst du mehr?
Du siehst es ja,
es freut sich sehr.

Du lachst und denkst, das sei keine Kunst. – Sieh her, was mein Schwesterchen Olga machte:

Gelt, eine nette Gesellschaft! – Wo fehlts? – Du weißt es? Gut, dann will ich dich noch schwerere Sachen lehren:

Antreten!

Stillgestanden!

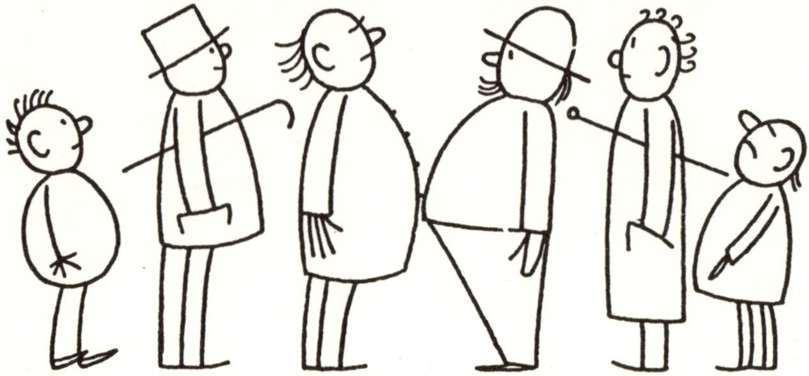

Links um! Rechts um!

Vorwärts, marsch!

Hopp, hopp, hopp! Pferdchen, lauf Galopp!

Schnell! Noch schneller, meine Herren!

Eine schöne Sache, das Turnen, nicht wahr! Aber aufpassen musst halt und auf deine Nase Obacht geben. –

Kannst du jetzt auswendig Männchen zeichnen? –
Dann schenk ihnen diese Sachen!

Sieh, wie ichs meine!

Willst du mit deinen Männchen zur Abwechslung ausfahren? – Schön, so lassen wir gleich Wagen und Schiffe kommen:

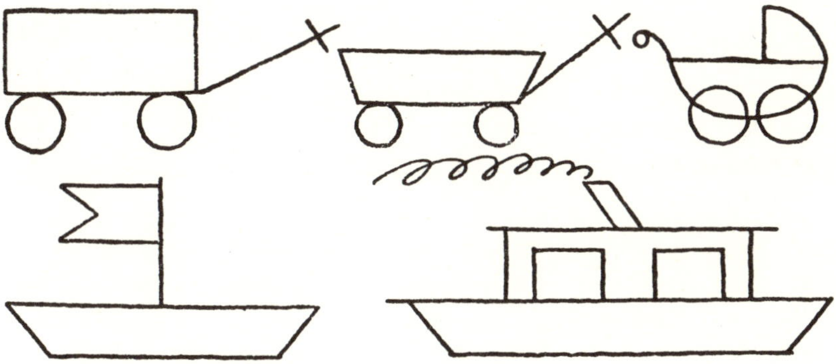

So, Platz nehmen bitte!

Hast du auch schon Häuschen gezeichnet? – Nicht?

Mein Häuschen bau ich
nach eigenem Sinn.
Ists auch nur gering,
das Glück wohnt darin.

Oder setzest du etwa den Kamin so auf wie mein Schwesterchen?

Ein Zusammensetzspiel! Was kann man mit diesen Dingen machen? – Nimm Papier und Bleistift! Probieren geht über Studieren!

Das sind die Häuschen für meine Männchen:

Meine Männchen, warum steht ihr so traurig da?

Das erste spricht: Wo sollen wir unser Gemüse pflanzen? Gibst du uns keinen Garten? – Da!

Das zweite: Wo sollen wir Äpfel und Birnen pflücken? – Da!

Das dritte: Wo sollen wir Holz hernehmen? – Da!

Das vierte: Wo sollen unsere
Haustiere wohnen? – Da!

Das fünfte: Wo sollen wir uns waschen? – Da!

Das sechste: Wo sollen wir die Wäsche hängen? – Da!

Das siebente: Gib mir ein Türmchen
auf mein Haus mit einem silbernen
Glöcklein darin! – Bist ein Hochmuts-
närrchen! Warum willst du das? –
Damit ich meinen Brüdern Tischzeit
läuten kann. – Recht so. Da!

Meine Männchen, sind alle eure Wünsche erfüllt?

Kommt ihr schon wieder? Was wollt ihr mehr? – Unsere Stübchen sind noch leer. Wo sollen wir uns hinsetzen, wo uns schlafen legen? Gibst du uns keine Möbel? – Da, wählt euch selber aus:

Unsere Schränke sind noch leer. Gibst du uns kein Geschirr, keine Geräte? – Es braucht viel, bis eine Aussteuer beisammen ist. Da!

Meine Männchen, habt ihr euch eingerichtet? – Ja, jedes auf seine Weise, bald so, bald anders. Komm, sieh dirs nur an!

Gut so. Das gefällt mir.

Meine Männchen, seid ihr noch nicht zufrieden? Nennt mir euren Kummer! – Wir sind so einsam. Wer will uns das Essen kochen? – Aha, da drückt euch der Schuh! – Wählt euch, jedes nach seinem Geschmack:

Und am Sonntag gibts feines Essen und Dideldum. Alle Vettern und Basen kommen zum Schmaus, – die schlecken Töpf' und Teller aus.

Und am Montag drauf sind Küch' und Keller leer. Die Weiblein rümpfen die Nasen, die Männlein machen Brummbär.

Wollt ihr auch Kinder? – O ja, gib uns Kinderlein. Die machen uns wieder froh und lustig. Gib uns lauter brave! – Geht nicht. Sind mehr böse als brave. Muss alle losbringen. Wer mir zwei böse abnimmt, dem schenk ich ein braves dazu. – Meinetwegen. Leg gleich die Rute dazu.

Seid ihr zufrieden jetzt, meine Männchen? – Brav hast du deine Sache gemacht. Wir sind zufrieden, sind glücklich, juhee!

Viel Glück und Segen!

Meine Tierchen

Ich heiße August Hühnerwadel. Meine Schwester ist die Trine. Ich bin der Bauer, sie die Bäuerin. Ich besorge die Pferde und Kühe, sie das Federvieh. Aha, da gibts kuhwarme Milch, Butter, Käse, frische Eier! Schleckst du schon danach? Bist ein Narr, unsere Tiere sind ja nur aus Papier. Weißt du, selber gemacht. Gezeichnet, rot und gelb angemalt. Trinchen hat sogar vier grüne Hühner und ein himmelblaues Schwein. Oh, das ist ein Bauernhof, wie du auf der ganzen Welt keinen findest. – Falls du auch ein Bauer oder eine Bäuerin werden willst, so komm und sieh dir hier unsere Gesellschaft erst einmal an. Dann mach dich nur frisch an die Arbeit. Oder sagst du etwa: „Das kann ich nicht." Sei nicht blöde. Schau mal hier ringsum! Du kennst sie sicher alle. Den Esel an den Ohren, die Kuh am Euter, das Pferd an der Mähne, das Schwein am Fett, die Ziege am Bart, das Schaf an der Wolle, den Hahn am Sichelschwanz. – Gut, das genügt ja. Man kennt sie wenigstens. Wirst doch niemandem angeben wollen, dass du das nicht auch so fertig bringst.

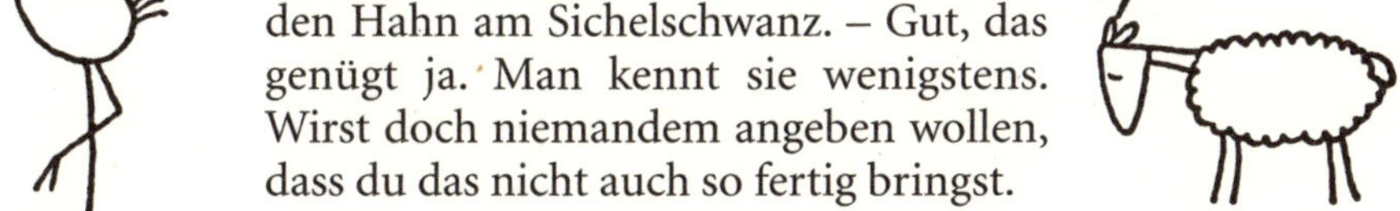

Unsere Kuh, die brave, nützliche Liese,
hier steht sie mitten in der Wiese.

Natürlich haben wir auch einen Kuhhirten. Peter heißt der Schlingel. Hier ist er:

Fast hätte ich dir noch etwas zu sagen vergessen. Wir haben auch Tierchen, so groß etwa, wie die in der obersten Reihe jeder Seite. Wir haben sie ausgeschnitten und können sie in die Ritzen in unserm Stubenboden stecken. Schuhschachteln mit Fenstern und Türen sind die Ställe. – Prächtig sag ich dir, wenn alle so auf der Weide spazieren und in Garten und Hof herumspazieren und in den Stall einspazieren.

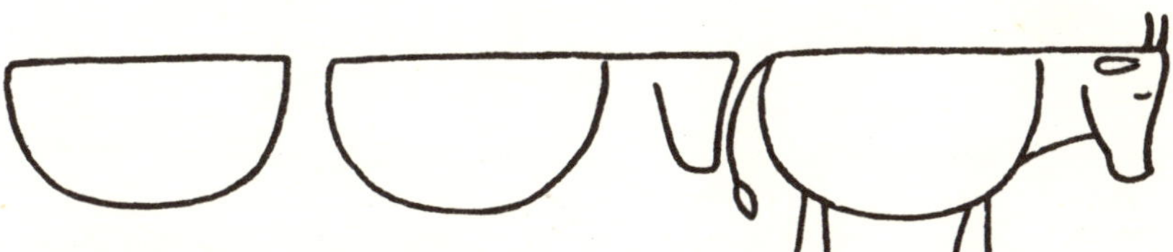

Wie du eine Kuh zeichnest.

Erst den plumpen Leib, dann den dicken Hals, dann den dicken Kopf, zuletzt vier Beine – und was weiter noch?

Mein Reitross mir gar wohl gefällt.
Es trägt mich froh durch Wald und Feld.

Auf Wiedersehen, Trinchen, auf Wiedersehen!

Hopp! Hopp!

Galopp! Oha!

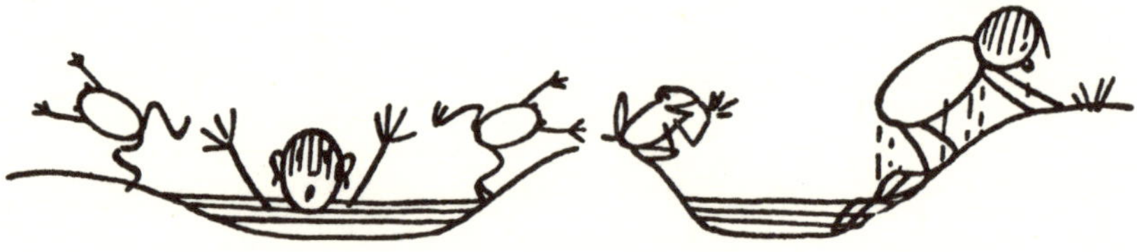

Mein Knecht Florian und seine Freundin Susi,
unser geplagtes Ackerrösslein.

Florian, nicht schlafen, Florian!

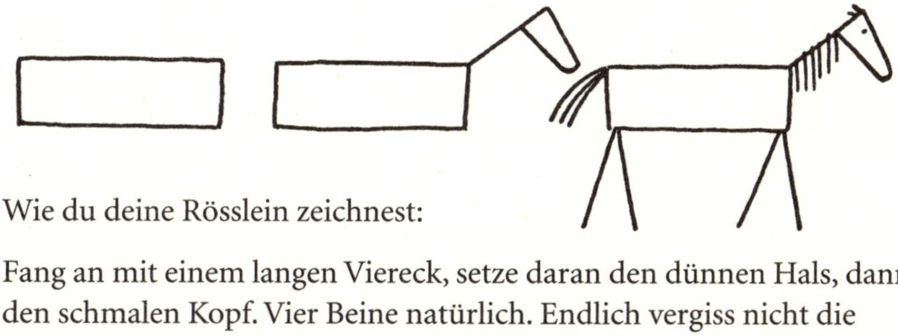

Wie du deine Rösslein zeichnest:

Fang an mit einem langen Viereck, setze daran den dünnen Hals, dann den schmalen Kopf. Vier Beine natürlich. Endlich vergiss nicht die kleinen Ohren, die Mähne – und was weiter?

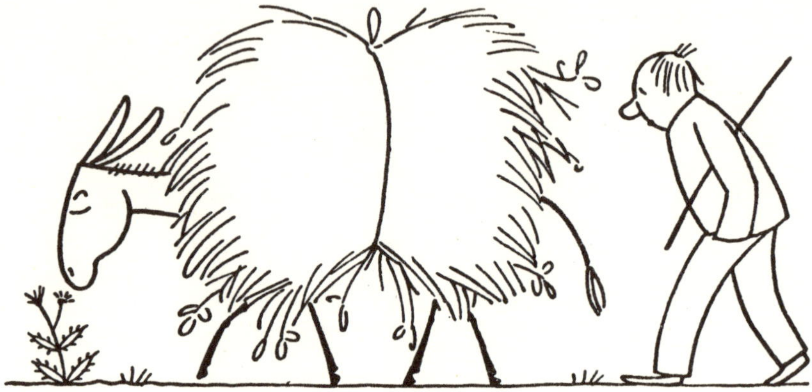

Das Eselein, ach sieh nur her!
Wie muss es plagen sich so schwer.

Doch im Dezember hat unser Eselein seine schöne Zeit. Da kommt der Sankt Nikolaus und spricht: Bist bereit? Viel Buben und Mägdlein erwarten uns heut. – Er hängt ihm ein silbern Glöcklein um. – Trab, trab! Hinaus in Nacht und Sturm.

Auch Schafe haben wir, vier oder fünfe.
Die geben uns Wolle für Socken und Strümpfe.

Mit einem Oval fang es an.
Setz vorne Hals und Kopf daran!
Vier Beine dann, grad oder krumm.
Zuletzt die Wolle um und um.

Was muss ich sehn, du Leckermaul, du!
Lass mir meinen zarten Salat in Ruh!

Kinderchen! Artig sein!

Kennst du diese Geschichte?

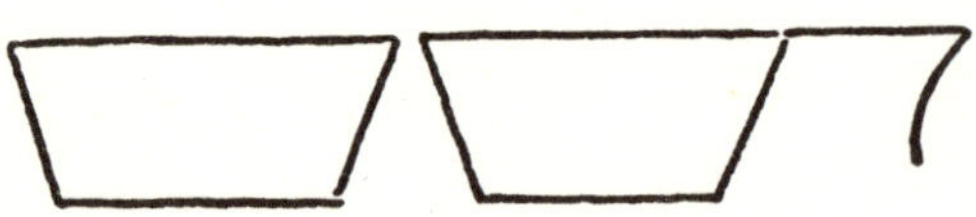

Machs so!

Ein rechter Bauer, überall,
hält auch ein Schweinchen sich im Stall.
Das lebt zufrieden, grunzt vergnügt,
weil es ein reichlich Fressen kriegt.

Erst ein' Kartoffel, rund und groß.
Als Kopf ein Dreieck, passt famos.
Ein Schwänzlein drehst du hintenaus. –
Ein Säulein wird im Nu daraus.

Familie Miezchen.

Ein Semmel und ein langes Brot –
ein Kätzchen gibt es ohne Not.
Ein langes Brot, ein Kuchenstück –
ein Wauwau ists im Augenblick.
Ein langes Brot, ein Ei dazu –
ein Häslein wird daraus im Nu.

Herr und Frau Hunziker
nebst ihren Verwandten,
Freunden und Bekannten.

Füg deinem Hündchen
nun stets ein Halsband bei!
So merkt es auch der Dümmste,
dass es kein Schweinchen sei.

Meine lieben kleinen Freunde: Seidenöhrchen, Sammettätzchen, Mohrenköpfchen, Zitterschwänzchen.
Hin und wieder kommen beim Mondschein ihre Vettern und Basen aus dem Waldheim zu Besuch.

Nun aber fort,
geschwind hinaus!
Ich fürcht', es schleicht
jemand ums Haus.

Gockelhahn und Gackelhuhn
treiben sich ums Haus herum.
Kikeriki! Gagagg, gagagg! –
Liegt ein Ei am Gartenhag!

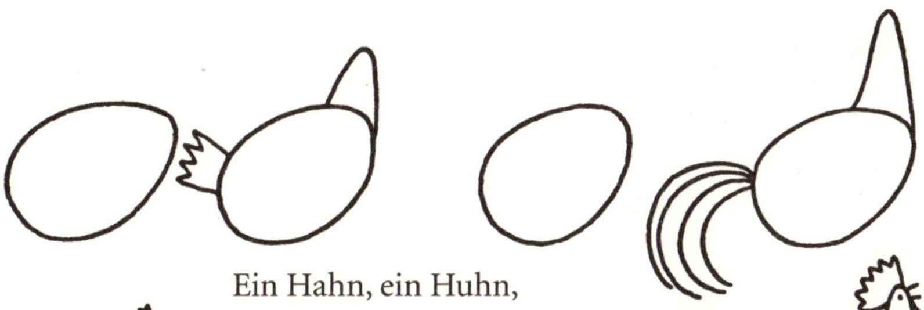

Ein Hahn, ein Huhn,
ganz einerlei –
du beginnst mit einem Ei.
Doch fährst du fort,
hier oder dort,
so überleg dirs fein,
was für ein Unterschied mag sein.

Damit keins fehle in unserem Reich:
Enten, Gänse und Schwäne unten am Teich.
Hoch auf dem Dach die Schwalben und Tauben, –
Ein Storch sogar, du darfst es glauben.

Zu guter Letzt, sieh dort mein neues Bienenhaus!
Viel tausend emsige Immlein summen ein und aus.

Aber Babette, wie du aussiehst!!

So, ich danke schön für den Besuch, meine Damen und Herren. Es hat mich wirklich sehr gefreut. – Zum Abschied wird Ihnen unser berühmtes Hausorchester noch eins aufspielen.

Mein Dörfchen

Liebes Kind! Zum Abzeichnen, denkst du und findest das nicht schwer. Wenn du aber neue, eigene Bildchen erfinden könntest! Blättre, und ich zeige dir, wie du das leicht fertig bringst.

Fällt dir nichts auf? Wieder die Dinge der vorigen Seite, nur anders angeordnet. Sicher findest du selber noch weitere Lösungen. Versuch es. – Und ähnlich machst du es mit den Zeichnungen auf den nächsten drei Seiten. Du wählst, was dir gefällt, und stellst damit deine eigenen Bildchen zusammen. – So wird dir das Zeichnen weit mehr Kurzweil bringen, als wenn du dich mit dem bloßen Abzeichnen zufrieden gibst.

Zeichnest du gerne solche Figürchen? – Dann stelle sie mit deinen Häusern zu fröhlichen, kurzweiligen Bildchen zusammen. Sieh auf der nächsten Seite, wie ich es meine!

Hast du Mühe, diese Häuschen zu zeichnen? – Kaum, so einfach sind sie. – In jeder Reihe stehen zwei, zuerst nebeneinander, nachher hintereinander. Versuche, in deinen Zeichnungen jeweils das andere in den Vordergrund zu stellen. Ersinne zu deiner Häusergruppe noch eine passende Umgebung, wie du das vorn bereits gemacht hast, und du gewinnst abermals neue hübsche Bildchen. – Nebenan findest du ein paar Beispiele dieser Art.

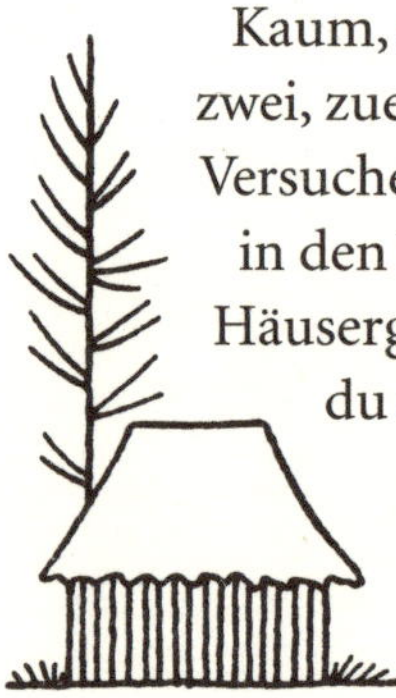

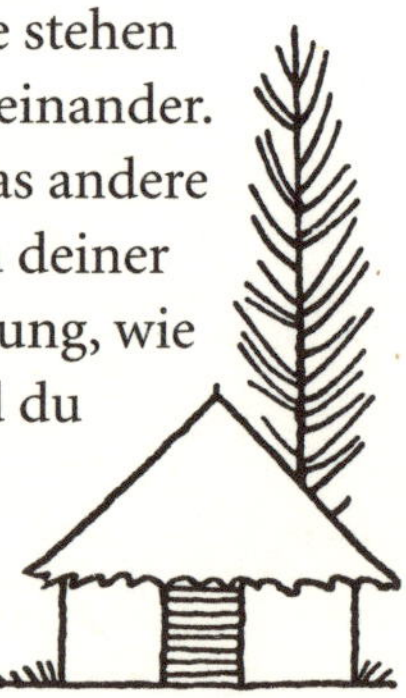

Siehst du nun, wie ein ganzes Dörfchen gebaut wird? – Deine Häuschen zu Gruppen zu vereinigen, fällt dir ja nicht mehr schwer. Lass die Giebel um ein Kirchlein sich scharen, und es wird ein heimeliges Dorfbild werden. – Merke noch: Am besten glückt dir die Zeichnung, wenn du mit den vordersten Häusern den Anfang machst.

Wozu auf einmal eine rechteckige Umrandung? Sie hilft dir den Vordergrund, dein Dörfchen, und den Hintergrund, den Bergzug, zusammenzufassen. – Versuche in gleicher Art, aus deiner Zeichnung ein abgeschlossenes Bildchen zu machen.

Diese Dinge stellst du zur Abwechslung in den Vordergrund und verlegst dann das Dörfchen in den Hintergrund. Umschließe das Ganze mit einem Rahmen. Nebenan hast du drei Beispiele.

Zum Schluss noch einen Abstecher in die schönen Berge. Gelt, da bist du schon gerne dabei? – Bringe diese Alphüttchen und -dörfchen in einen Rahmen. Dann kannst du ihnen einen passenden Hintergrund geben, so etwa, wie dir das auf der nächsten Seite gezeigt ist.

Womit bringst du diese Figürchen zusammen? Überleg dirs! – Wenn ich dich mal zufällig treffe, musst du mich deine Zeichnungen sehen lassen. Ob dann wohl eine darunter ist, wo der Handorgeler vor einer Almhütte zum Tanz aufspielt und deine Bergsteiger auf einem Elefanten herumkraxeln! – Meinst du wirklich?

Wir gehen spazieren

Was sollen wir hier beisammen stehn?

Lasst uns lieber spazieren gehen!

Zeichne dir hurtig den Spaziergänger heraus, der dir am besten gefällt, und dann erfülle seinen Wunsch. – Aber wohin willst du ihn spazieren führen? Weißt du nicht Rat, so blättre. Auf den nächsten Seiten findest du schöne Plätzchen in Fülle.

So, da kannst du ja einfach wählen. – Gib deinem Spaziergänger auch einen solch hübschen Ort zu kurzweiligem Aufenthalt.

Willst du um deine eigenen Zeichnungen auch einen Rahmen ziehen, so höre: Lasse deinem braven Spaziergänger doch ja einen Streifen Boden unter den Füßen. Stell ihn nicht direkt auf den untern Rand deines Bildchens, als wäre er ein Seiltänzer. – Zur Abwechslung magst du die Ausflügler auch zu Hause lassen. Was bleibt dir dann zu zeichnen übrig? Die Landschaft natürlich. Doch wirst du sie nicht einfach getreulich nachzeichnen. Versuch es so: Bringe z. B. anstelle der Pappel auf dem nächsten Bildchen eine Tanne oder führe die Straße über ein Brücklein. Fallen dir noch weitere Zusammenstellungen ein? Überleg dirs!

„Du siehst zum Sitzen uns alle bereit;
schaff uns dazu die Gelegenheit!“

Unsere Leutchen haben sich müde gelaufen. Deine Sache ist es nun, ihnen ein hübsches Ruheplätzchen auszusuchen. – Zeichne eines der Bildchen auf den nächsten Seiten heraus und setze statt denen, die schon dort sind, deinen Freund oder deine Freundin oder beide zusammen hinein.

Hast du meine Vorschläge beherzigt? Und sind dir schon ein paar selbstständig zusammengestellte Bildchen gelungen? – Dann probier auch etwa Folgendes: Zeichne ein Teilstück aus einer meiner Zeichnungen heraus, umgib es mit einem Rand – und du hast abermals ein eigenes Werklein vor dir. – Nebenan findest du Beispiele dieser Art.

Sechs Zwerglein wollen
die Welt besehn.

Eines siehst du hier auf Reisen gehn.
Wähl hurtig dir ein zweites aus,
fahr mit ihm in die Welt hinaus.

Kaum dass es sich die Welt anguckt, hat es schon ein Frosch verschluckt. Armes Grashüpferchen! – Wir wollen doch wenigstens hoffen, dass deinen fünf Brüdern ein so grausam schlimmes Ende nicht bevorstehe.

Unser Ferienalbum

Liebe Kinder!
Nichts Langweiligeres als Regentage in den Ferien. „Wisst ihr denn gar nichts Gescheites anzufangen!“ So schimpft bald die Tante, bald der Onkel. Wirds einmal richtig lustig, mag der Großvater den Lärm, die Großmutter den Staub nicht ertragen. – Kurz und gut, du möchtest bald lieber in die Schule.
Hört nun, welchen Einfall meine drei Kinder an einem solch nichtsnutzigen Tag hatten. „Wir machen ein Ferien-Bilderbuch!“ beschlossen sie. Und gesagt, getan. Alle Regentage steuerte jedes eine Zeichnung bei. Die Bildchen wurden in ein gemeinsames Album geklebt.
Fertig ist dieses Ferienalbum bis jetzt noch nicht. Jedes Jahr wird ihm eine neue Ernte eingeliefert. Doch das darf ich jetzt schon verraten: Es gibt ein fröhliches Buch und wird eine prächtige Erinnerung obendrein. Seid ihr neugierig? Wollt ihr die ersten paar Seiten sehen? – Da sind sie. – Wer von euch hat Lust, etwas Ähnliches zu probieren?

Endlich kanns losgehn!

Gute Reise! Viele Grüße! Seid schön brav!

Auf der Fahrt nach Heuwinkel.

BIRKENRŰTI! BRÄSSIERE GEFÄLLIGSCHT!

HEUWINKEL!! ALLES AUSSTEIGEN!

Grüß Gott Tante! Grüß Gott Schnauzerli! Grüß Gott Onkel! Grüß Gott Kinder! So, seid ihr gut gereist?

Ihr werdet wohl Hunger und Durst haben.

So greift jetzt recht tüchtig zu!

Gesunder Schlaf in der luftigen Dachbodenkammer.

Heimlich plätschert das Brünnlein im Hof

DIE TAGWACHE

Großvater Großmutter

Feierabend.

Großmamas Lieblinge.
Großpapas Lieblinge.
Der störrische Liebling.
Kinder, habt ihr meine Brille auch nicht gesehn?
Gute Nacht, Großmama!

Das Königreich der Tante Lisette.

Gottlob war dies nur ein Traum!

Auch im Stall von Onkel Tobias steht eine Lisette.

Wart, ich kann dir gleich helfen, du--!

Ein schlimmerer Räuber bei Nacht und Nebel.

Gruß aus
Heuwinkel!

Versteckt hinter
Obstbäumen.

Die alte Mühle.

Das einsame Korbflickerhaus

Hier wohnt der Schneider Wackelmut. –

Nicht wahr, sein Bärtchen
steht ihm gut?

Hier haust die dicke Krämerin.

Du siehst sie hier mit frohem
Sinn.

Hier ist der Lottersepp zu Haus. –

Passt auf!
Schon schaut er zum
Fenster heraus.

Guten Abend Babette.
Guten Abend Susette
Oh, oh dieses Wetter!
Wirklich alle Jahr netter.

Auch unser Nachbar
schaut besorgt nach dem Heuwetter aus.

DIE FEINE DUSCHE
O, ihr verflixten Stadtbuben!

Gottlob! die Heuwinkler
haben endlich ihr Heuwetter!

Die Sensen schallen
im grünen Tal.
Bald müsst ihr fallen,
ihr Blümlein all.

Im duftigen Heu
auf luftiger Höh,
da sitzen wir drei
und rufen juhee!

Jetzt ist der liebe Sonntag da.
Zur Kirchen läutet's
fern und nah.

Sonntagsfrieden.

SÜSSER TROST ZUM ABSCHIED

Auf Wiedersehn Heuwinkel,
du liebes Nest! Lass die Trauben und Äpfel süß werden,
bis wir wiederkommen!

Mein Gärtchen

Junge Bäume und Sträucher vom Gärtner. Willst du im Frühling duftenden Flieder, im Sommer rote Rosen, im Herbst saftige Äpfel und Birnen, so setze sie in dein Gärtchen. Jetzt im Winter, wenn alle Pflanzen schlafen. Auch für ein kleines Gartenhaus such dir ein lauschiges Plätzchen. Dort in jener Ecke mit dem frohen Blick ins Tal, mein ich.

Möchtest dir wohl auch ein solches Gärtchen anlegen! So bring Papier und Bleistift. Gleich auch die Farbstifte, wenn du sie nicht verloren hast. Zeichne erst den Boden, hernach einen oder zwei der Bäume und ein Gartenhaus dazu (wie Seite 93). Oder hast du einen andern guten Einfall? Dann umso besser. Machs ganz nach deinem Sinn.

Kennst du diese Blumen? Gewiss, denn sie haben alle jetzt aus den Zwiebeln getrieben, die du im Herbst in Töpfe gesteckt. Und blühen in leuchtenden Farben. Zu einer Zeit, da draußen dein Gärtchen tief im Schnee liegt. – Wohl darfst du diese Blumen auch ausmalen. Denn du tust es ja mit aller Sorgfalt, ich weiß es. Doch hernach sieh auf der nächsten Seite, was ich dir vorschlage.

Zeichne einen Blumentopf, dann eine von den Blumen hinein. Die übrigen Zeichnungen dieser Seite zeigen dir, wie du mit deinen Blumen noch andere Bildchen machen kannst.

Was ist da los? Großmutter und -vater, Mama, Tante und alle stehn da, aber mit leeren Händen. Lass sie nicht länger auf ein Geburtstagsgeschenklein warten.

Inzwischen sind die ersten Blümchen erwacht. Vorboten des Frühlings. Unterm Kätzchenbusch die Schneeglöckchen, im Rasen jetzt Krokus, gelb und violett. Veilchen, Schlüsselblumen, Stiefmütterchen, Vergissmeinnicht wollen nicht länger warten. Bald läuten Maiglöckchen den Maien ein.

Deine jungen Obstbäume stehn im Blütenkleid, der Flieder duftet. Dein Gärtchen grünt und blüht. – Versuche Blume, Baum und Strauch zu farbig frohen Gruppen zusammenzustellen. Hier ein paar Beispiele, damit du siehst, wie ich es meine.

Doch vom ersten schönen Tage an gibts alle Hände voll zu tun. Was hantieren sie da? Du wirst es leicht erraten. Zeichne dir jemanden heraus und setz ihn in passende Umgebung (wie du das auf der nächsten Seite siehst).

Unser sauber gepflegtes Gärtchen ladet zum frohen Verweilen ein.
Zeichne und male ein friedliches Sonntagsgärtchen.

Des Sommers Gäste. Sonnenblumen, Rosen, Nelken, roter Mohn, blaue Glocken und Sternenblumen von allen Farben.

Binde die Blumen zum Strauß, fülle damit die Vasen. Und dort am Zaun stehn kleine Kinder. Gucken mit großen Augen herein. Schenk ihnen Blumen von deinem Überfluss. – Zuunterst Blumenkinder! Gib den deinen bunte Blumenröckchen von allen Sorten.

Noch immer kein Regen! Schnell hilf Wasser tragen. Darfst nachher mit uns Beeren pflücken, Stachelbeeren, Erdbeeren, was du willst.

Gäste im Garten, gebetene und ungebetene.

Solche Bildchen lassen sich aus den Dingen auf den Seiten 104 und 105 noch eine Menge gewinnen. Lass sehen, was du fertig bringst.

Schon ist der Herbst im Land. Füllt dir die Taschen mit süßen Früchten. – Zeige uns dein Gärtchen mit Bäumchen voll leuchtender Äpfel, Pflaumen und Birnen, daneben Dahlien und Astern in schönen Farben.

Wie rasch eilt die Zeit. Ach, schon steht der Winter vor der Tür. Schnell noch den Kies zu Haufen getragen, das Laub zusammengerecht, die Beete mit Tannenreis zugedeckt. Kalt weht der Novemberwind, die letzten bunten Vöglein wirbeln durch die Luft. Mein Gärtchen bereitet sich zum Winterschlaf. Auf Wiedersehn, du lieber Aufenthalt.

Meine Freunde im Zoo

Meine Lieben,
habt ihr schon vom August Bärwolf gehört? – Das ist mein Onkel, der Tiermaler. Ich, August Bärwolf der jüngere, bin sein Schüler. Das Tierzeichnen liegt mir im Blut. Der Zoo ist meine Welt. Ganze Nachmittage verweile ich dort und sehe den Tieren zu. Zuhause zeichne und male ich alle aus dem Kopf. Alle Tiere im Zoo sind meine Freunde. Die großen und die kleinen, die vornehmen und die niedrigen, die wilden und die zahmen. – Wenn es euch gefällt, will ich gleich vorstellen:
König Felix I. und Regula, seine Gemahlin, nebst Negus, dem 3 Monate alten Kronprinz. Gleich daneben Minka, die Königstigerin, samt Tochter.
Ferner mache ich bekannt mit Meister Petz, mit Isegrimm, dem Wolf, zusammen mit Reinecke Fuchs, dem alten Schlaukopf. Endlich mit einem Gast vom Nordpol, mit Castor, dem Eisbär.

Proben aus meinen Zeichenheften. Hier und auf den nächsten zwei Seiten Löwen, Tiger und Leoparden (Panther). Großkatzen nennt sie mein Onkel. Die Ähnlichkeit mit dem bescheidenen Hauskätzchen springe in die Augen, sagt er. Nicht nur in den geschmeidigen Formen, auch in der Art wie sie gehen, schleichen, kauern, liegen, verrate sich die gleiche Familie. – Die kleinen Skizzen zeigen jeweils, wie ich anfange. Mit wenigen Linien suche ich erst die Hauptformen: Leib, Hals, Kopf, Beine wiederzugeben.

Jeder Besuch im Zoo gibt mir Stoff zu Zeichnungen. Lange verweile ich bei jedem Tier. Ich suche mir Form und Bewegung aufs Beste einzuprägen. Oft probiere ich eine Stellung in meinem Skizzenbüchlein gleich festzuhalten, so wie dies mein Onkel, der Tiermaler, tut. Doch schon hat sich mein Modell abgedreht. Besser gelingt mir das Zeichnen aus dem Gedächtnis. – Alle die Bewegungen, die ich euch hier am Leoparden zeige, habe ich auch an den anderen Großkatzen beobachtet und hernach gezeichnet.

der Wüstenkönig

hinter Eisenstäben

sprungbereit

schlafender Luchs

Löwenbaby

Ei, warum so eilig?

Kurzweilige Kerle sind unsere braunen Mutzen. Doch rechte Bettelsäcke, wie ihr seht. Ihre Nachbarn, die zottigen, weißen Gesellen vom Nordkap, hätten am liebsten das ganze Jahr Eis und Schnee.

Meine Freunde sind oft so traurig. Ach, sie sind eben arme Gefangene. – Wie gerne gebe ich ihnen wenigstens in meinen Zeichnungen ihre Freiheit zurück. Ich versetze den Braunbär ins wilde Hochgebirge, den Eisbär in die Eiswelt des hohen Nordens, Wolf und Fuchs in tiefe Wälder, den Löwen in die weite Wüste, den Tiger in die Sümpfe Indiens, den Elefanten in undurchdringliche Urwälder, die Giraffe in die Steppen Afrikas, das Kamel unter die Palme einer Oase. – Doch kann ich euch jetzt nicht alle diese Bilder zeigen. Muss euch noch gar manchen meiner Freunde vorstellen.

Chang, das Elefantenknäblein,
mit seiner Mama. Bananenhäute und Rüebli
verschwinden dauernd in ihrem Rachen.

Oftmals führe ich meine Tierzeichnungen auch als Schattenbilder aus. So, dass ich die Umrisse – z. B. eine Karawane – mit schwarzer Tusche fülle oder mit der Schere aus schwarzem Papier herausschneide.

Gäste aus Australien: Kängurus. Seltsam anzusehen, wie sie sich mit ihren langen Hinterbeinen durch die Luft schnellen.

Besuch aus den Steppen Afrikas: das Zebra und die zierliche Gazelle. Auf meinen farbigen Zeichnungen hab ich sie, oft in Gesellschaft mit Straußen, zu ganzen Herden vereinigt.

Heißa, schnell herzu! Hier gibts zu lachen. Ein Affenparadies. Stundenlang könnte man den drolligen Kerlen zusehen. Aber halt! Eben habe ich noch zwölf gezählt. Einer muss entsprungen sein. So ein Schlingel. Auf, helft suchen!

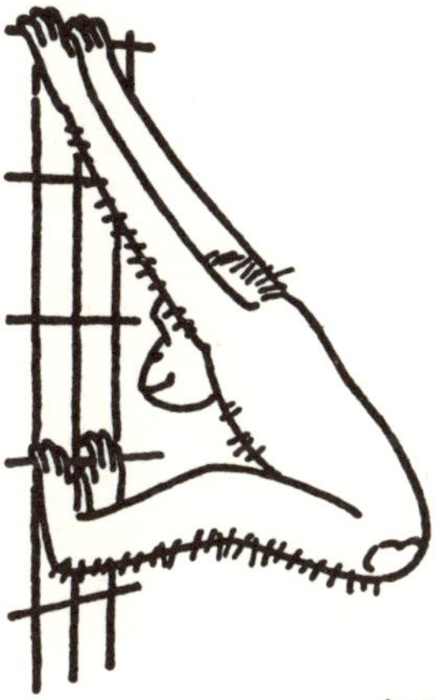

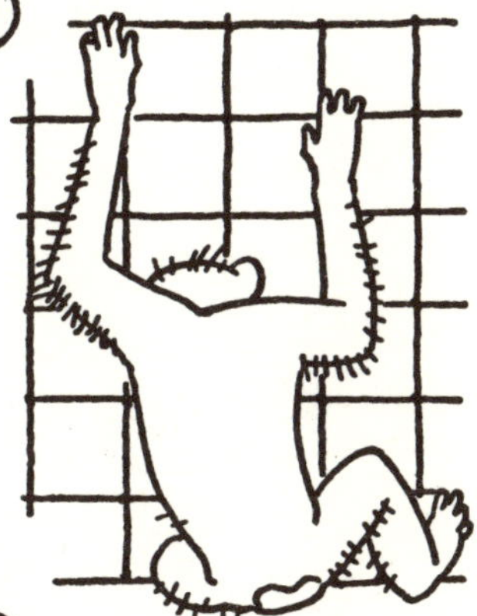

Groß und Klein drängt sich um das Heim der Schimpansen. Wie sie am Tischchen sitzen und manierlich essen und trinken, wie sie spielen, dem Wärter die Zigarette wegstibitzen, wie sie, wenn er es befiehlt, artig sich aufs Töpfchen setzen und überhaupt tun fast wie Menschen, das alles ist so drollig.

Eine Gesellschaft von Langbeinern. Doch nicht etwa Störche, das siehst du doch? Oben Strauße. Der farbenprächtige afrikanische, darunter der erdig braune australische (Emu). Unten eine Gruppe schlanker Flamingos zum Zerbrechen. Daneben die komischen Marabus. Stehen da, auf einem Bein, ernst, unbeweglich, wie in tiefes Denken versunken – dem alten Professor daneben zum Verwechseln ähnlich.

Pfui, hör ich euch rufen. Krokodile, Schlangen, Seehund, Nilpferd, Nashorn, pfui, wie hässlich! Bedenkt, dass auch sie Geschöpfe sind aus Gottes Hand. Wie würden wohl die Tiere, wenn sie reden könnten, über uns Menschen urteilen?

Der lustige Tiergarten

gezeichnet von meinem
kleinen Bruder Moritz.

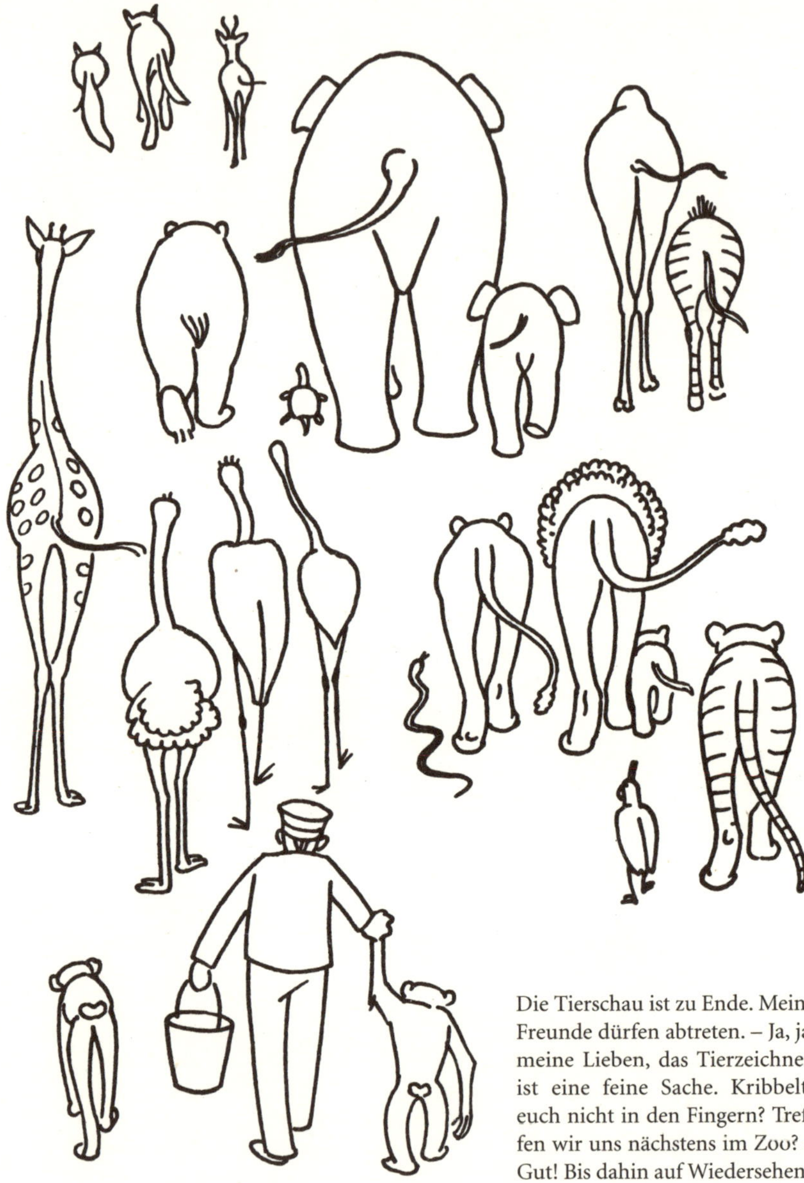

Die Tierschau ist zu Ende. Meine Freunde dürfen abtreten. – Ja, ja, meine Lieben, das Tierzeichnen ist eine feine Sache. Kribbelts euch nicht in den Fingern? Treffen wir uns nächstens im Zoo? – Gut! Bis dahin auf Wiedersehen!

Zeichnen lernen leicht gemacht

96 Seiten, vierfarbig, 21 x 26 cm, broschur
ISBN 978-3-8094-2980-7

Auch als E-Book erhältlich
ISBN 978-3-641-09011-1

96 Seiten, vierfarbig, 21 x 26 cm, broschur
ISBN 978-3-8094-3370-5

Auch als E-Book erhältlich
ISBN 978-3-641-15790-6

Ob Affe, Maus, Bär, Löwe oder Tyrannosaurus Rex, Flugsaurier, Mammut, Säbelzahntiger: Aus wenigen Strichen entstehen die Lieblingstiere der kleinen Zeichner. Anschließend können die Tiere nach Herzenslust ausgemalt werden. Die einfachen Anleitungen führen schnell zu Erfolgserlebnissen. Jedes Tier wird mit einem kurzen, kindgerechten Text erklärt. Für Kinder ab 4 Jahren.

Bassermann
www.bassermann-verlag.de

Bunte Fahrzeugwelt für Zeichner ab 4 Jahren

96 Seiten, vierfarbig, 21,0x26,0 cm, Broschur
ISBN 978-3-8094-3142-8

Auch als E-Book erhältlich
ISBN 978-3-641-10699-7

Kinder zeichnen gerne, und insbesondere Jungs lieben alles, was sich fortbewegt, ob auf der Straße oder Schiene, auf dem Wasser oder in der Luft. Dieses Buch erklärt, wie aus wenigen Grundelementen ein Feuerwehrwagen, ein Hubschrauber, ein Piratenschiff, eine Lokomotive oder ein Traktor entstehen. Dank der leicht nachvollziehbaren Schritt-für-Schritt-Anleitungen sind dabei Erfolgserlebnisse garantiert.

Bassermann
www.bassermann-verlag.de